AF232606

INSTRUCTION PASTORALE

DU RÉVÉRENDISSIME

ÉVEQUE MÉTROPOLITAIN

DE PARIS,

SUR LA PAIX CIVILE ET RELIGIEUSE.

JEAN-BAPTISTE ROYER, par la Divine Providence & dans la Communion du Saint-Siége, Evêque Métropolitain de Paris, à nos chers Coopérateurs dans le Saint-Ministère, & à tous les Fidèles de notre Diocèse, Salut & Bénédiction en notre Seigneur Jésus-Christ, *le Prince de la Paix.*

A

Nos Très-Chers Frères,

Il ne nous eſt plus permis de garder le ſilence ſur les grands évènemens qui ſe paſſent ſi rapidement ſous nos yeux, & qui conſolent notre Patrie. Un Gouvernement juſte & fort ſe conſolide de plus en plus au milieu de nous. A ſa préſence toutes les factions comprimées ſe taiſent ; le règne des lois s'établit ; toutes les parties de l'adminiſtration s'organiſent & s'améliorent ; la guerre civile s'enfuit & fait place à la paix ; notre ſainte Religion outragée commence à reſpirer ſous la protection des lois tutélaires ; la victoire couronne nos Armées par des ſuccès inouis ; & l'eſpérance renaît dans tous les cœurs.

Qui ne voit dans cette ſuite d'évènemens proſpères, l'action du grand Dieu qui tient dans ſes mains toutes puiſſantes les deſtinées des hommes, qui diſpoſe en maître ſouverain du ſort des Empires, qui les élève & les renverſe comme il lui plaît, par le moyen des cauſes ſecondes, qui ne ſont que les ſimples exécutrices de ſes deſſeins éternels & immuables. Divine Providence ! c'eſt à vous &

à vous feule que nous fommes redevables de tous ces biens ; c'eft à vous feule qu'en appartient toute la gloire. C'eft vous qui avez formé cet homme illuftre, extraordinaire, & qui l'avez rendu capable de concevoir & d'exécuter de fi grandes chofes. Vous lui avez dit, comme autrefois à Cyrus : « *C'eft à vous que je confie mon peuple, c'eft de vous que je me fervirai pour exécuter toutes mes volontés* ». (Ifaïe, ch. 44, v. 28.)

Doctrine fublime & falutaire qui place l'homme dans la main de fon Dieu, & qui rend au Dieu créateur & tout-puiffant ce qui lui appartient. Quelle eft donc infenfée cette monftrueufe philofophie qui s'obftine à ne voir dans les évènemens que le jeu d'un aveugle hazard ! Doctrine défolante & ftupide, elle abrutit l'homme, l'ifole de fon Dieu, fon Pere & fon Bienfaiteur, brife, autant qu'il eft en elle, les liens qui uniffent le ciel & la terre, & ébranle la morale jufques dans fon plus ferme fondement. Pour nous, N. T. C. F., qui abhorrons ce renverfement de tout principe & de toute fociabilité, nous aimons à remonter à la première caufe de tout bien. Nous admirons avec reconnoiffance la fageffe & la juftice qui préfident aux délibérations de notre Gouvernement, & qui caractérifent tous fes actes ; nous célébrons avec une joie pure le courage, l'intrépidité, le dévouement de nos Armées, le génie & l'habileté de fes chefs. Mais nous nous en réjouiffons dans le Seigneur ; nous lui rapportons la gloire de nos fuccès, parce que c'eft lui qui donne la fageffe aux fages, la prudence & le confeil aux Légiflateurs, la foumiffion au Peuple, le courage aux Soldats, la capacité aux Chefs, & qui jette, quand il lui plaît, l'épouvante & la confufion dans le camp ennemi.

Ces principes confervateurs des Empires, & de la morale qui en eft le plus ferme fondement, apprennent aux hommes attentifs, à juger fainement des chofes, foit dans leur caufe, foit dans leurs effets. Ils fixent leurs idées, règlent leur conduite, & les amènent tous au même réfultat. L'oubli de ces principes, au contraire, précipite dans le trouble & dans le défordre, parce que les hommes ne révérant point une caufe fupérieure, qui préfide à tout, n'ont plus cet intérêt puiffant qui maîtrife tous les autres : dominés par leur intérêt perfonnel, ils lui facrifient tous les devoirs. C'eft-là ce qui a caufé à notre Patrie tant de maux & de déchiremens. Si de l'époque où nous fommes,

(5)

nous remontons aux premiers jours de notre révolution, quel affreux intervalle il nous faut fran-
chir ! Qu'il nous foit permis de jeter un coup d'œil
rapide fur les caufes qui ont amené notre révolution, fes premiers caractères, les maux qui l'ont
fouillée, notre état actuel, & fur les moyens de
rétablir & de confolider la paix au milieu de nous.

Si l'on confidère fans partialité l'état où la
France étoit réduite avant quatre-vingt-neuf, on
jugera facilement que la révolution étoit inévitable
& en quelque forte néceffaire. Tous les refforts
du Gouvernement étoient relâchés & ne faifoient
qu'entraver fa marche. Ceux qui étoient placés au
timon des affaires publiques, paroiffoient frappés de
cet efprit d'affoupiffement & de vertige, fymbole pré-
curfeur de la chûte des Empires ; leurs fauffes
mefures ne faifoient qu'accroître la maffe des
maux. Les revenus publics, ou taris dans leur
fource, ou détournés de leur légitime deftination,
ne pouvoient plus fuffire aux befoins de l'Etat. De
toutes les parties de la France la réforme étoit
appelée à grands cris. Dans cette dure extrémité,
l'Affemblée des Notables eft convoquée. La par-
tie faine de cette Affemblée défiroit fincèrement

la réforme ; mais contrariée dans fes vues falutaires par tous ceux qui étoient accoutumés à s'en-
graiffer des fueurs & du fang du Peuple, toutes
fes opérations fe bornerent à propofer des moyens
bons en eux-mêmes , mais qui laiffant fubfifter
le principe du mal, ne pouvoient que le pallier
fans le guérir : elle conclut que les Etats-Généraux
étoient feuls capables de fonder toutes les plaies
de la Patrie, & auroient affez d'autorité pour y
porter un remède efficace.

Epouvantée de cette propofition , la Cour y
met d'abord obftacle ; mais bientôt forcée par les
circonftances & par le vœu fortement prononcé de
toute la nation, elle convoque les Etats-Généraux.
L'arrêt en étoit prononcé dans les décrets éternels,
& il falloit qu'il s'exécutât. Les lumières, la fageffe & l'intrépidité du Tiers-Etat triomphent des
premiers obftacles ; il fe conftitue en Affemblée
nationale.

Ici, N. T. C. F., la révolution commence ;
elle prend ce caractère augufte qui lui attira l'af-
fentiment de tous ceux qui defiroient le bien de leur
patrie ; & c'étoit alors la prefque unanimité du
Peuple français. Entourée de la confiance nationale,

cette mémorable Affemblée jette un coup-d'œil févère & éclairé fur le chaos immenfe des abus qui caufoit tous nos maux, & n'en épargne aucun. Elle fupprime tous les titres faftueux, les privilèges exclufifs ; & elle reconnoît que tous les citoyens font habiles à poffédér toutes les places, n'exigeant d'autre condition que la capacité, le mérite & la vertu : & voilà l'égalité des droits. Elle déclare que tous les citoyens font également foumis au lois, & tenus d'acquitter proportionnellement toutes les charges de l'État : voilà l'égalité des devoirs. Elle ftatue enfin que tous les Magiftrats ne gouverneront, n'adminiftreront & ne jugeront que par la loi, qu'en vertu de la loi; que les citoyens ne feront affujettis qu'à la loi, n'obéiront qu'à la loi : voilà la liberté civile, la feule qui puiffe convenir à l'homme en fociété. Rien de plus fage, de plus jufte que ces fublimes opérations ; elles devoient naturellement faire le bonheur de la France, la rendre plus refpectable au dehors & plus redoutable à fes ennemis.

Si delà nous paffons aux changemens que cette même Affemblée a opérés dans le régime extérieur de l'Eglife ; nous ofons le dire, elle acquerre de nouveaux droits à notre reconnoiffance. Alors, N. T. Ch. F., la Religion étoit comptée pour quelque chofe dans un Gouvernement. On la regardoit comme l'unique bafe de la morale, fans laquelle un Empire ne peut point fubfifter dans un état de paix & de bonne organifation. Elle étoit confidérée comme étant, ainfi qu'elle l'eft, le fupplément néceffaire des lois humaines. Les lois civiles ne peuvent atteindre & régularifer que l'extérieur des actions; la Religion feule pénètre jufques dans le fanctuaire de la confcience; elle commande à cette même confcience, règle les penfées, les defirs, toutes les affections en les épurant; elle feule fait mouvoir le mobile auffi puiffant que néceffaire de la crainte & de l'efpérance d'une autre vie, d'un Dieu jufte & rémunérateur qui fonde le cœur de l'homme & en pénètre les plus fecrètes penfées. Des efprits étroits, des cœurs flétris & dénaturés, n'avoient point encore prononcé cet horrible blafphême : *Il n'y a point de Dieu.* Ou s'il avoit été prononcé, une raifon éclairée avoit étouffé cette monftrueufe impiété. L'influence falutaire de la Religion étoit généralement reconnue comme abfolument néceffaire à la paix

& à la profpérité d'un Empire. Delà ces hommages folemnels que l'Affemblée conftituante lui a plus d'une fois rendus ; hommages qui honorent tout à la fois & fes lumières & fa moralité.

Mais la Religion, fi fainte & fi vénérable en elle-même, étoit défigurée par une multitude d'abus qui la rendoient méconnoiffable à des efprits peu attentifs. Ces abus étoient généralement avoués, & la réforme en étoit demandée, non-feulement par le Peuple, mais par le Clergé lui-même. L'Affemblée conftituante crut qu'il étoit de fon devoir d'obéir à ce vœu. Reconnoiffant avec un ancien que fi *la piété a enfanté les richeffes, les filles avoient étouffé* leur mère ; elle s'empara des biens du Clergé, y fubftitua une penfion qui auroit fuffi, fi elle eût été religieufement acquittée.

Le Concordat, ce marché honteux conclu entre Léon X & François I, l'une des fources les plus funeftes de tous les maux de l'Églife de France, & contre lequel elle a perfévéremment réclamé ; le Concordat reçut le coup mortel dont tous les vrais amis de la Religion & de la Patrie defirent qu'il ne fe releve jamais. La Conftitution civile du Clergé lui fut fubftituée. Malgré tout le mal que l'on en a dit , cette Conftitution occupera une place diftinguée dans les faftes de l'Églife. Elle rappelle dans fes principales difpofitions, l'efprit & les regles de la vénérable antiquité ; elle pouvoit acquérir avec le temps ce degré de perfection qui l'eût rendu capable de fermer toutes les plaies de notre Églife. Mais Dieu, dont les confeils font impénétrables, ne nous a montré que la poffibilité de la réforme, fans en permettre l'exécution. En effet, elle froiffoit de grands intérêts, détruifoit de grandes prétentions, & coupoit jufques dans fa racine l'arbre de tous les abus. Elle dut éprouver une forte réfiftance & de violentes attaques.

Elle fut attaquée en elle-même, & relativement à l'autorité dont elle émanoit. L'intérêt perfonnel l'accufa d'héréfie ; fa juftification fut facile & victorieufe. L'on demontra jufqu'à la derniere évidence qu'elle ne renfermoit que des objets purement réglémentaires, qui variables de leur nature, avoient varié dans tous les temps ; l'on prétendit avec raifon qu'elle ne portoit abfolument aucune atteinte, ni au dogme, ni à la morale, ni à la difcipline générale & effentielle de l'Églife. Et fi fes adverfaires veulent être de bonne foi, ils font forcés de reconnoître la pureté de la foi de ceux qui l'ont adoptée & défendue.

Mais, repliqua-t-on, l'autorité dont elle est l'ouvrage, est incompétente : l'Assemblée nationale, étant purement civile, n'a pas le droit de s'immiscer dans les choses spirituelles. Telle fut l'objection la plus spécieuse qui fit plus de bruit, sans être pour cela plus solide. Ces grands partisans des droits de l'Église oublierent qu'eux mêmes dans leurs cahiers, ils avoient demandé la suppression du Concordat, le rétablissement de la Pragmatique Sanction, ou la formation d'un autre Code mieux adapté aux circonstances & aux besoins de l'Église ; demande qui attestoit, de leur part, la persuasion que l'Assemblée étoit compétente pour opérer ces réformes. Ici les faits se présentent en foule pour déposer en faveur de cette vérité. Qui ne connoît, pour peu qu'il soit instruit, le Code de Théodose, les Novelles de Justinien qui furent reçus avec applaudissement & avec reconnoissance par les Papes eux-mêmes ? Qui ne connoît les sages réglements de Charlemagne, de Louis IX, &c ? Qui ne sait que très - souvent les Évêques s'adresserent à nos anciens Rois, pour les supplier de réformer les abus qui s'étoient glissés dans l'Église ? Nos États-Généraux étoient en posfeſſion de ce droit, & il ne leur fut jamais conteſté.

L'Aſſemblée conſtituante prévit cette oppoſition; & calculant les ſuites funeſtes qu'elle pouvoit avoir, elle prit le parti d'exiger de tous les Fonctionnaires eccléſiaſtiques, la preſtation du *Serment Civique*, comme une garantie néceſſaire de leur fidélité; & certes elle avoit ce droit. Cependant, pour prévenir toute ſecouſſe, & ne point violenter les conſciences, elle plaça les Eccléſiaſtiques dans l'alternative ou de prêter ce ſerment, ou de quitter leurs places. Elle aſſura même à ceux qui ſe retireroient une penſion alimentaire. Ceux qui prétendirent conſerver leurs titres ſans prêter le ſerment, l'Aſſemblée put uſer à leur égard de ſon droit d'excluſion; droit qui appartient eſſentiellement à tout Gouvernement. Il peut en abuſer ſans doute, mais l'abus préſumé ne ſauroit anéantir le droit.

Que durent faire les Évêques & les Prêtres convaincus de la légitimité du ſerment civique? ce qu'ils ont fait: ils durent prêter le ſerment, accepter les places auxquelles ils furent nommés; places que la retraite des anciens titulaires avoient laiſſées vacantes de fait. Ils durent ſe dévouer tout entiers au ſalut de leurs frères, & au maintien de notre

(13)

fainte Religion , déja menacée des maux qui depuis
font tombés fur elle. Certes , ceux qui lui ont été
fidèles ont bien mérité de la Religion & de la Patrie;
l'impartiale poftérité leur rendra cette juftice.

Tel étoit l'état des chofes , lorfque l'Affemblée
conftituante ceffa fes travaux. Ici la Révolution
commence à changer de nature. Elle perd ce caractère augufte de fageffe & de modération qui l'avoit
rendue fi chère à tous les vrais Français. Des
hommes que d'énormes forfaits ont rendu trop
fameux , s'en font emparés pour précipiter fon
cours , & changer fa direction. La Révolution , ce
fleuve majeftueux dont les eaux falutaires devoient
tout vivifier, devint bientôt un torrent furieux &
dévaftateur , qui couvrit notre malheureufe patrie
de fang & de ruines.

Les dénominations odieufes , les imputations
vagues, les qualifications atroces, devinrent comme
le fignal & le prétexte de ces fcènes d'horreur dont
le feul fouvenir faifit encore d'effroi. Notre Patrie ,
horriblement déchirée , vit fes enfans traînés en
foule & inceffamment à la mort. Quel fpectacle
d'horreur ! Nos fleuves précipitèrent avec indigna-
tion dans la mer épouvantée leurs flots enfanglantés.
Au milieu de ces excès de barbarie, la Religion

étoit tourmentée par la plus violente perfécution.
Elle vit fes Autels profanés, fes objets les plus faints
foulés aux pieds, fes Temples fermés ou détruits,
fes Miniftres difperfés, incarcérés, torturés, & leur
fang répandu comme une chofe vile & méprifable.

Déteftable impiété, monftrueux athéifme, tels
font tes forfaits ! Ennemi né de tout bien, de tout
ce qui eft bon, de tout ce qui eft jufte, tu es
effentiellement l'ennemi de Dieu & des hommes.
Infame philofophifme ! voilà donc cette tolérance,
cette humanité fi vantée dans tes livres affreux !
Vas cacher ta honte au fonds des enfers dont tu
es forti ; tu en as toute la rage & les fureurs. Ainfi
tu vérifias cet oracle de nos faints livres : *Les impies
ont des entrailles cruelles* (1).

Quelle fut N. T. Ch. F., la conduite de vos
Miniftres fi violemment tourmentés ? Hélas ! un
grand nombre imputa tous ces excès à la Révolution, tandis qu'ils ne furent que les crimes de
ceux qui la dénaturèrent : d'autres dévoilèrent toute
leur infamie par l'apoftafie la plus honteufe, &
groffirent le nombre des perfécuteurs dont ils de-

______

(1) Vifcera autem impiorum crudelia. (*Prov. chap.* 12,
verf. 10.

vinrent les plus acharnés , s'efforçant d'étouffer tous leurs remords à force d'attentats. Pour nous, nos T. Ch. F. , & nous devons le dire avec confiance, vous nous avez toujours trouvés fidèles , & comme Prêtres , & comme Citoyens. Nous avons également détefté tous les excès. C'eft par un terrible , mais jufte jugement, difions nous, que Dieu avoit *placé fur nos têtes des hommes méprifables.* (Pf. 65). C'étoit pour punir de longues prévarications , l'abus de fes graces , la profanation de fes facremens , & le mépris de fa fainte loi.

Nous vous exhortions à rentrer en vous-mêmes , à fléchir par une fincère pénitence la colère de Dieu enflammée contre fon peuple. Nous vous conjurions de baiffer humblement la tête fous la puiffante main de Dieu qui vous châtioit , & de conferver la douceur & la manfuétude des agneaux au milieu de ces loups dévorans. La Religion , ajoutions-nous, ne s'eft point établie par la force & la violence , mais par la perfuafion, & une patience invincible dans les perfécutions : elle ne fe maintiendra que par les mêmes moyens. Il n'en eft pas d'elle comme des ouvrages des hommes , qui ne fe foutiennent & ne fe confervent que par des voies humaines ; la Religion a Dieu pour auteur :

elle eſt ſon ouvrage par excellence. C'eſt pour l'accompliſſement de ſes deſſeins ſur elle, qu'il commande & dirige tous les événemens ; il eſt le protecteur tout-puiſſant de ſon Egliſe. Si, pour éprouver ſes enfans, il permet qu'elle ſoit plus ou
moins vivement perſécutée, il ſe lève quand ſon
heure eſt venue, diſſipe & confond ſes ennemis,
fait taire les vents, calme la tempête. Alors victorieuſe & triomphante, la Religion voit à ſes pieds
ſes ennemis humiliés & ſouvent convertis. La promeſſe de notre Dieu eſt formelle : *Les portes de
l'enfer ne prévaudront point contre l'Egliſe.* (Matth.
chap. 16, v. 18). Dix-huit ſiècles d'expérience mettent au plus haut degré d'évidence cette conſolante
vérité.

Fortifiés par cette eſpérance, étrangers à toutes
les factions qui ſe font mutuellement & ſucceſſivement dévorées, nous avons, comme Jéſus-Chriſt
nous l'ordonne, perſévéremment *rendu à Céſar ce qui
eſt à Céſar, & à Dieu ce qui eſt à Dieu.* (Matth.
ch. 23, verſ. 21). Si nous avons été perſécutés, ſi
pluſieurs d'entre nous ont été mis à mort, ce n'a
été ni comme méchans, ni comme perturbateurs,
mais uniquement comme Prêtres, & à cauſe de
notre foi, ſelon l'avis que nous en a donné S. Pierre.

(Ep.

(*Ep.* 1. ch. 2, v. 19). Les méchans, en attaquant la Religion, cette affection la plus chère des ames pures & fenfibles, vouloient multiplier les foulèvemens & les révoltes, pour anéantir notre Patrie. Vous avez été témoins de nos conftans efforts pour vous préferver de ces condamnables excès; enforte que nous pouvons dire avec une fainte & noble affurance, comme autrefois Tertulien : « Aucun de » nous ne fe trouve mêlé dans les factions qui » divifent l'Etat. . . . . . Nous fommes fouvent » accufés & punis; mais ce n'eft jamais que pour » notre feule Religion. Parmi ceux qui font cou- » pables de véritables crimes, on ne trouve aucun » Chrétien, ou il n'eft plus reconnu pour tel (1) ».

Mais que font devenus ces fléaux de leur Patrie, ces perfécuteurs de leurs frères, ces contempteurs de la Religion ? Leur règne a paffé avec la rapidité d'un torrent qui ne laiffe après lui que ruine & défolation. Elle s'eft accomplie fur eux cette redoutable parole d'un de nos Prophêtes : *J'ai vu l'impie au faîte des honneurs, & auffi élevé que les cèdres du Liban; j'ai paffé, & il n'étoit plus : je l'ai cherché, & il ne reftoit de lui aucun veftige* (2).

____

(1) Jam non eft Chriftianus. (*Apoc.* c. 4, & alibi).
(2) Vidi impium fuper exaltatum, & elevatum ficut

B

Enfin le Code anarchique de quatre-vingt-treize diſparoît. La Convention délivrée des tyrans qui l'opprimoient, donne à la France la Conſtitution de l'an 3. Aſſiſe ſur des baſes ſolides par une juſte diſtribution des pouvoirs , mais foiblement organiſée, elle ne trouva point en elle-même la force de ſe maintenir , elle ne put ſauver la France. Soutenue pendant quelque temps par les étonnans ſuccès du jeune Héros dont la gloire naiſſante effaça celle des plus grands hommes, mais privée bientôt de ce puiſſant appui, elle devint la proie des ambitieux. Les factions reprirent toute leur activité. Une lutte terrible s'éleva entre les premieres autorités. Tour à tour victorieuſes & vaincues, elles replongerent la France dans l'a-bîme de maux dont à peine elle étoit ſortie. La guerre de nouveau déclarée, nos armées déſor-ganiſées & vaincues , la guerre civile rallumée, l'eſpérance de la paix entièrement perdue, le dé-ſordre affreux des finances, la tyrannie dévaſta-trice qui peſoit ſur nous , tout préſageoit une prochaine ruine , l'entiere diſſolution du corps ſocial.

---

cedros Libani. Et tranſivi, & ecce non erat : & quæſivi eum, & non eſt locus ejus. (Pſ. 36).

Tout-à coup une nouvelle fubite ranima l'ef-
poir. Le bruit de l'arrivée de BONAPARTE fe
répand, fe confirme. Son nom vole de bouche en
bouche, il infpire la confiance & la joie. Dieu
fe montre, N. T. C. F., il nous annonce la fin de
nos maux, il jette un regard de bonté fur fon
peuple.

Le départ de BONAPARTE pour l'Égypte, fut
pour la France une vraie calamité. Sans doute le
Seigneur nous fera connoître un jour les raifons
fecrettes de cette expédition lointaine, & les rap-
ports qu'elle peut avoir avec fes deffeins fur fon
Églife. Ce grand Homme que Dieu a préfervé de
tant de périls, reparoit, & la France eft fauvée.
Tout change de face. La liberté civile & religieufe,
fi fouvent promife, fi vainement invoquée, fi in-
dignement outragée, fe montre avec un vifage
ferein. Un Gouvernement fortement conçu, vi-
goureufement conftitué nous affure à tous protection & fûreté ; donne aux Puiffances alliées la
plus puiffante des garanties, la juftice & la force,
& commande le refpect aux ennemis du dedans
& du dehors. Le fentiment de fa force le rend
indulgent pour les erreurs & les foibleffes. Des
lois dictées par la plus douce humanité réparent

de grandes injuftices. A peine eft-il conftitué, que toute la France reffent fes bienfaits.

BONAPARTE offre la paix ; on la refufe : il part pour la conquérir. Aucun obftacle ne l'arrête. Les Alpes inclinent devant lui leur cîme orgueilleufe. Par-tout fon invincible armée, dirigée par un tel Chef, voit tous fes efforts couronnés des plus incroyables fuccès; & au fein de la plus éclatante victoire qui délivre l'Italie, il demande la paix, l'unique objet de fes vœux. Gloire, honneur, & actions de graces au Dieu des armées, qui feul donne la victoire, nous fommes-nous écriés dans le premier tranfport de notre joie & de notre reconnoiffance.

Nous aimons à croire, N. T. C. F., que ce cri de joie & de reconnoiffance a retenti dans vos cœurs, & que tous vous l'avez répété avec le même tranfport. Puiffe ce tranfport être l'heureux préfage d'une parfaite réconciliation entre tous les Français ! puiffent-ils, oubliant le paffé, fe faluer comme freres, & fe preffer dans les doux embraffemens d'une ardente charité.

C'eft la paternelle exhortation que nous vous faifons, N. T. C. F., de toute la plénitude de notre cœur, au nom du Dieu de paix que nous adorons. Union, concorde, fraternité, amour de la Patrie, foumiffion à fes lois, dévouement & refpect à fon gouvernement : tels font nos devoirs comme citoyens : tel eft le prix dont nous devons payer le courage & les immortels fuccès de nos armeés. C'eft pour nous conquérir la paix qu'elles combattent : c'eft pour nous la procurer, que nos freres répandent leur fang ; & nous, tranquilles fous la protection tutélaire des lois, protégés par un Gouvernement jufte & bon qui veille nuit & jour à la fûreté de nos perfonnes & de nos propriétés, nous pourrions conferver encore de l'aigreur, du reffentiment, de la haine, le defir de la vengeance, & perpétuer ainfi nos déplorables divifions, qui nous ont caufé mille fois plus de maux que tous les ennemis du dehors. Hélas ! inftruits par une longue & cruelle expérience, apprenons enfin à être fages, & ne perdons pas le fruit de tant de facrifices dont le fouvenir vous eft encore fi amer.

Graces foient rendues au Seigneur notre Dieu, nos maux font paffés. Oublions-les, oublions jufqu'aux noms de ceux qui nous les ont faits. Un jour plus ferein luit fur nos têtes, & nous annonce un heureux calme après une terrible tourmente ; ouvrons les yeux à fa bienfaifante lumiere. Tout nous dit que la paix va couronner & recompenfer les fublimes exploits de nos armées par-tout victorieufes. Saluons-la avec reconnoiffance cette paix tant défirée, & hâtons-la par l'ardeur de nos vœux.

Ne nous y trompons pas ; nos ennemis comptent moins fur leurs armes que fur les divifions inteftines qu'ils fement & nourriffent au milieu de nous avec tant de perfidie. Déjouons enfin tous leurs projets homicides par une réunion franche & cordiale. N'en doutez pas, N. T. C. F., humiliés par tant de défaites, ils feront épouvantés à la vue d'une fincere réconciliation qui ne formera de tous les Français qu'un peuple de freres. Ils fe hâteront de recevoir la paix qu'on leur offre avec tant de générofité. Il eft inoui qu'un peuple victorieux offre la paix à une nation vaincue : il n'appartenoit qu'à BONAPARTE d'opérer ce prodige de clémence & d'humanité. Heureufe la nation dont le fage gouvernement préfére à l'état féducteur des conquêtes, les biens inappréciables de la paix ! L'humanité, l'amour de la Patrie, notre intérêt perfonnel, la voix puiffante de la Religion, tout nous invite à la réunion & à la paix.

L'humanité ! eh ! n'y a-t-il point affez de fang répandu pour défaltérer ces cruels ambitieux qui ne refpirent que carnage, qui remuent toute la terre, pour exterminer un peuple généreux qui ne veut que maintenir fon indépendance & fa liberté ? N'eft-t-il pas temps d'arrêter l'effufion du fang ? Se peut-il qu'il y ait encore parmi nous de ces ames atroces qui calculent froidement le prix du fang de leurs freres, qui le vendent pour prolonger le trouble & la difcorde ? Hommes fanguinaires & trompeurs, craignez les jugemens du Dieu terrible dans fes vengeances. Le jour de fa colere eft arrivé pour vous. Du haut de fon trône, il fait gronder fon tonnerre : Il vous crie : *J'ai en abomination les hommes de fang & les trompeurs.* (Pf. 5), *ils n'arriveront pas à la moitié de leurs jours.* (Pf. 58.) je me hâterai de les retrancher de la terre. *Les injuftes périront, & leur race périra avec eux.* (Pf. 38.) La nature frémit en voyant quels flots de fang ont été répandus. Elle crie au fond de tous les cœurs, qui entendent encore fa voix : ô hommes ! ceffez de vous hair ; refpectez vos femblables ; épargnez leur fang, c'eft le vôtre ; foyez amis, car vous êtes freres.

La Patrie unit fa voix à celle de la Nature. Vous

êtes mes enfans, vous crie-t-elle ; par vos diffentions vous déchirez les entrailles de votre mère. Mon bonheur eft le vôtre, & votre bonheur eft le mien. Votre paix eft dans la mienne, & ma paix eft dans la vôtre. Nos intérêts font les mêmes : je n'en ai point d'autres que les vôtres, n'en ayez point d'autres que les miens, & vous & moi nous ferons heureux.

Ce langage figuré, N. T. C. F., vous exprime d'une manière vive & touchante quels font vos devoirs envers votre Patrie, & l'intérêt que vous devez prendre à fon repos & à fon bonheur. La paix feule peut fermer & guérir toutes nos plaies ; elle feule peut ramener au milieu de nous l'abondance & la profpérité ; elle feule fera fleurir l'Agriculture, les Arts utiles & le Commerce, fources fécondes de la richesse nationale. Ainsi, l'intérêt particulier s'unit étroitement à l'intérêt général, dont il ne doit jamais fe féparer ; autrement ce feroit l'égoïfme. Or, l'égoïfme eft un crime & un attentat contre la société.

Mais la Religion annoblit & vivifie ces motifs déja fi puiffans. Elle nous apprend, cette divine Religion, que nous fommes tous frères & enfans de Dieu. *Vous êtes tous frères*, dit le fils de

Dieu, *& vous ne devez donner le nom de Père à perfonne fur la terre ; car vous n'avez qu'un Père qui eft dans les Cieux.* (Matt. ch. 23 , v. 8 & 9.) Ceux que nous appellons Pères & d'où nous fortons felon la chair, ne favent pas qui nous fommes; Dieu feul nous connoît de toute éternité ; & c'eft pourquoi Ifaïe lui difoit : *Vous êtes notre vrai Père ; Abraham ne nous a pas connus , & Ifraël nous a ignorés : mais vous Seigneur vous êtes notre Père & notre protecteur , votre nom eft devant tous les fiècles.* (Ch. 63 , v. 16.)

« Dieu a encore établi la fraternité des hommes
» en les faifant tous naître d'un feul , qui pour
» cela eft leur Père commun, & porte en lui-même
» l'image de la paternité de Dieu. Dieu parle de
» l'homme en nombre fingulier, ajoute le célèbre
» Boffuet, & marque diftinctement qu'il n'en veut
» faire qu'un feul, d'où naiffent tous les autres,
» felon qu'il eft écrit : *Dieu a fait fortir d'un feul*
» *tous les hommes qui devoient remplir la furface*
» *de la terre.* (Act. ch. 17 , v. 26.) Il a même
» voulu que la femme qu'il donnoit au premier
» homme fût tirée de lui, afin que tout fût un
» dans le genre humain. Ainfi, le caractère d'a-
» mitié eft parfait dans le genre humain, & les

» hommes qui n'ont tous qu'un même Père ,
» doivent s'aimer comme frères. » (Polit. liv. 1 ,
prop. 3.)

Aussi, N. T. C. F., ce grand Dieu, après avoir
dit à l'homme : *Ecoute , Israël : le Seigneur ton
Dieu est le seul Dieu ; tu aimeras le Seigneur ton
Dieu de tout ton cœur , de toute ton ame , de
toute ta pensée & de toute ta force ; voilà le premier
commandement.* (Marc, ch. 23.) Il ajoute : *Voici
le second qui lui est semblable : tu aimeras ton prochain comme toi-même : en ces deux préceptes
consistent toute la loi & les prophètes.* (Matt.
ch. 22.)

Telle est la sublime simplicité de la morale
évangélique. Aimer Dieu, aimer les hommes ;
tel est l'abrégé & la plénitude de tous ses préceptes. Cet amour du prochain s'étend sur tous
les hommes, il n'en exclut aucun, il les embrasse
tous dans son inépuisable fécondité. Non-seule-
ment il n'est pas permis de haïr ses ennemis, il
faut les aimer, parce que pour être ennemis, ils
ne perdent pas la qualité d'hommes & de frères.
Et moi je vous dis : Mortels écoutez , c'est le fils de
Dieu, c'est l'éternelle vérité qui parle : *Et moi je
vous dis : Aimez vos ennemis ; faites du bien à ceux*

qui vous haïſſent ; & priez pour ceux qui vous per-
ſecutent & vous calomnient ; afin que vous ſoyez enfans de votre Père qui eſt dans le Ciel , qui fait
lever ſon ſoleil ſur les bons & ſur les méchans , &
fait pleuvoir ſur les juſtes & ſur les pécheurs. (Matt.
ch. 5 , v. 44 & 45.)

Morale céleſte & toute divine, qui, bien connue,
fidèlement pratiquée , feroit le bonheur des Na-
tions , & le plus ferme ſoutien des Empires :
morale qui découvre à l'homme toute ſa grandeur
& ſa vraie dignité. Elle lui apprend que ſa deſti-
née eſt d'imiter ſon Dieu ; de retracer en lui-
même ce modèle infiniment parfait ; de puiſer dans
le ſein de ſon eſſence infinie l'idée , la forme &
la raiſon de toutes les vertus qui doivent perfec-
tionner ſon être , le rendre juſte & agréable aux
yeux de ſon Dieu ; *Soyez parfaits comme votre
Père céleſte eſt parfait.* (Matth. ch. 5). La pratique de ſi hautes vertus eſt difficile , ſans doute ,
mais ce Dieu juſte & bon qui les commande ,
promet en même temps à l'homme de grands
ſecours : il lui aſſure une grande récompenſe ; &
cette récompenſe c'eſt lui-même. *Je ferai votre récompenſe infiniment grande.* (Genèſe , chap. 15 ,
verf. 1).

Nous avons le bonheur, N. T. Ch. F., de connoître & de profeſſer ces excellentes vérités : prions le Seigneur de nous les faire mettre en pratique. Abjurons toute haine, tout reſſentiment, tout deſir de vengeance. Pardonnons de bon cœur à ceux qui nous ont calomniés & perſécutés ; rendons-leur le bien pour le mal, aimons-les comme nos frères ; prions pour eux : & par nos prières ferventes, amaſſons ſur leurs têtes ces charbons ardens de la charité, qui conſument toute leur malice, & les convertiſſent au Seigneur notre Dieu. Alors nous nous montrerons les enfans de notre Père céleſte qui *fait lever ſon ſoleil ſur les bons & ſur les méchans.* Alors nous nous conduirons comme de vrais diſciples de Jéſus-Chriſt, qui a prié pour ſes propres bourreaux, & eſt mort pour ſes ennemis. Méditez attentivement ces grandes paroles : *C'eſt à moi que la vengeance eſt réſervée, & c'eſt moi qui la ferai, dit le Seigneur.* (Rom. ch. 13, verſ. 19). Prétendre ſe venger ſoi-même, c'eſt uſurper le droit incommunicable de Dieu, qui punira les vindicatifs. « Toutes les créatures, dit » un auteur célèbre, prononcent aux vindicatifs » l'arrêt de leur condamnation, écrit comme avec » autant de caractères qu'il y a de rayons du

(29)

» foleil, de gouttes de pluie, de grains de blé &
» d'autres biens naturels, dont Dieu donne l'ufage
» à fes ennemis ». (Réflex. mor.)

Réuniffons - nous donc, N. T. Ch. F. , par les
liens étroits d'une charité mutuelle: c'eft la Religion qui nous l'ordonne , c'eft notre Patrie qui
nous en conjure , c'eft notre propre intérêt qui
l'exige. Prouvons aux puiffances ennemies que le
temps des diffentions eft paffé pour nous ; que
déformais , fermés à leurs fuggeftions perfides , nos
cœurs ne s'ouvriront qu'aux affections douces &
fraternelles ; donnons-leur le fpectacle augufte &
touchant d'un grand peuple , qui ne forme qu'une
grande & même famille , où règnent la bonté , la
douceur , la paix , la concorde , l'équité, la juftice,
l'amour de la Patrie , la foumiffion aux lois , &
la Charité qui fanctifie toutes ces vertus fociales.

Tels font, N. T. Ch. F., vous que Dieu a confiés
à notre follicitude paftorale, tels font les vœux que
nous formons pour votre repos & votre bonheur,
pour la gloire de notre fainte Religion , & pour la
profpérité de notre Patrie. Puiffions-nous les voir fe
réalifer, ces vœux ardens, au jour mémorable du
14 Juillet , dont nous allons célébrer l'anniver-
faire ; époque chère à tous les bons Français , &

qui leur rappelle de doux fouvenirs. Alors les Français ne formoient qu'un immenfe faifceau, que les factions feules ont défuni pour nous rendre malheureux. Supplions le Seigneur notre Dieu, qui tient en fes mains toutes-puiffantes les cœurs de tous les hommes, de changer & de réunir toutes les volontés, en forte que nous n'ayons tous déformais qu'un cœur & qu'une ame.

Miniftres du Dieu de paix, c'eft à nous qu'il appartient de donner aux Fidèles & à tout le Peuple français, le grand & néceffaire exemple de cette intime & parfaite réunion. Faifons ceffer enfin cette déplorable divifion qui défole l'Eglife de Jéfus-Chrift. Vainement nous vous avons invités à la paix, vous avez été fourds à notre voix. Vainement nous vous avons adreffé un plan de pacification, où refpire l'amour le plus pur de la vérité & de la juftice, où brille le plus parfait défintéreffement ; & jufqu'à ce jour, tous nos efforts font demeurés fans effet. Avec quelle candeur nous y avons fait notre profeffion de foi, qui eft pure & fans tache ? Avec quelle franchife nous y avons combattu & repouffé les injuftes inculpations que l'on a dirigées contre nous ? Avec quelle réferve & quelle charité nous nous y fommes interdits toute

eſpèce de récriminations qui ne pourroient qu'ir-
riter des eſprits déja trop prévenus ? Qu'avez-vous
fait ? qu'avez-vous dit, pour répondre à de telles
avances ? Les avez vous diſcutées dans un eſprit
de paix & de charité ? Non ; vous avez gardé le
le ſilence du mépris ; pluſieurs n'ont répondu que
par des cris de guerre. Juſqu'à quand cette lutte
funeſte déſolera-t-elle le champ du Père de famille ? L'impiété n'a-t-elle pas déja trop profité de
nos malheureuſes diſſentions ? Faut - il laiſſer plus
long-temps dans ſes cruelles mains cette arme terrible dont elle ſe ſert pour attaquer notre ſainte
Religion ? Ah ! défiez vous, Miniſtres du Seigneur,
de ces têtes ardentes, de ces dangereux hypocrites,
qui, pour ne point céder, conſentiront plutôt à
voir le flambeau de la Foi s'éteindre au milieu de
nous. O vous qui aimez l'Egliſe de Jéſus-Chriſt,
vous ſavez que la paix eſt le don par excellence
que ce divin Sauveur nous a fait avant ſa paſſion :
Je vous laiſſe la paix , je vous donne ma paix.
(S. Jean , ch. 14).

« Tel eſt , dit S. Cyprien , l'héritage que Jéſus-
» Chriſt nous a laiſſé. Tous ſes dons, toutes les
» récompenſes qu'il nous a promiſes, dépendent
» de la conſervation de la paix. Si nous ſommes

» les héritiers de Jéfus-Chrift , demeurons dans
» la paix de Jéfus-Chrift ; fi nous fommes les enfans
» de Dieu, nous devons être pacifiques : *Bien-*
» *heureux ,* dit-il, *les pacifiques , parce qu'ils feront*
» *appelés les enfans de Dieu.* Il faut donc , conclut
» le même Père, que les enfans de Dieu foient
» pacifiques, doux de cœur, fimples & fincères
» dans leurs difcours, liés d'affection, & fidèle-
» ment unis entre eux par les liens de la con-
» corde » (1). Pénétrés de ces fentimens , nous
fupplions le Père des miféricordes de les graver
auffi profondément dans vos cœurs , qu'il a daigné
les graver dans les nôtres. Alors nous nous enten-
drons , nous n'aurons tous d'autre intérêt que celui
de Jéfus-Chrift ; & dès ce moment plus d'obftacles
à la paix.

Le Gouvernement fage & jufte fous lequel nous
vivons ; la promeffe que vous avez faite d'*être fideles*
à la Conftitution , doivent être un grand moyen de
rapprochement. Car fi l'on veut raifonner jufte ,
& juger équitablement des chofes, il doit parcître
évident & certain , que ceux qui ont fait cette
promeffe, ont abfolument contracté les mêmes en-

____

(1) *De unit. Eccl. ad finem.*

gagemens ,

gagemens , que ceux qui ont prêté le ferment civique. Toute différence que l'on voudroit établir entre ces deux actes , feroit chimérique & de mauvaife foi. L'un & l'autre ne font qu'un gage , qu'une garantie de notre foumiffion & de notre fidélité, qui en 91 a été exigée fous la religion du ferment. Cette circonftance , il eft vrai, rend l'engagement contracté envers la Patrie, plus facré, plus folemnel ; mais au fond, elle ne lui donne ni plus de force, ni plus d'étendue : un homme religieux & probe fe trouve auffi étroitement lié par une fimple promeffe que par un ferment. Toutes les fubtilités d'une vaine fcolaftique, n'obfcurciront jamais cette claire vérité. Cette obfervation devient encore plus forte , fi nous ajoutons que la plupart d'entre vous ont prêté le ferment de liberté & d'égalité, & ceux qui l'ont fuivi. La légitimité des uns & des autres a été prouvée par les mêmes principes , & par les mêmes raifons.

Le ferment civique étoit abfolument & textuellement le même pour les Eccléfiaftiques, & pour les fimples Citoyens : il ne pouvoit donc pas changer de nature uniquement & précifément, parce qu'il étoit prêté par un Évêque, ou par un Prêtre. Cepen-

C

dant vous avez fait un crime aux Prêtres d'avoir prêté ce ferment, tandis que vous traitiez avec la plus grande indulgence les Citoyens coupables, felon vous, du même délit. Quelle inconféquence ! mais voici quelque chofe de plus inconcevable encore, & qui eft vraiment inoui : c'eft qu'il y a parmi vous des Prêtres qui, après avoir prêté ce ferment comme Électeur, l'ont refufé comme Fonctionnaire eccléfiaftique. Quoi donc ? Eft-ce qu'il y a fur cette matiere pour une même per-fonne, une confcience de Prêtre, & une confcience de Citoyen ? Il eft affligeant d'être forcé d'entrer dans de pareils détails.

Si le ferment civique n'étoit qu'un ferment de fidélité, comme cela eft démontré dans de très-bons écrits, il falloit donc le prêter. Les Prêtres fur-tout doivent à leurs concitoyens ce grand exemple de foumiffion aux lois civiles, tant qu'elles n'exigent rien de contraire à la loi de Dieu. De-là cette regle importante établie par Boffuet, dans fa défenfe de la célébre déclaration du Clergé ; il n'y a qu'un feul cas, dit-il, où il foit permis de réfifter aux Puiffances ; c'eft uni-quement lorfqu'elles commandent des chofes mauvaises : exception qui confirme la regle (1).

« L'Eglise, dit excellemment Saint-Augustin,
» se conforme à la diversité des lois qui régissent
» les sociétés politiques. Loin d'aspirer à les ré-
» former ou à les détruire, elle s'y soumet & les
» protège toutes les fois que le culte du Dieu
» suprême, du seul vrai Dieu, n'est point empê-
» ché (2). »

Telle est la doctrine de nos Pères. Or, il est de
la dernière évidence que nous, qui avons prêté
le serment civique, nous n'avons absolument contracté aucun engagement qui put être en aucune
manière préjudiciable aux vrais intérêts de la Religion. Bien loin que l'on puisse imputer à notre
soumission aux Lois, tous les maux qui ont affligé
l'Eglise de France ; ces mêmes maux seroient

---

(1) (Evangelica disciplina) hoc excipit tantùm , ne obe-
diatur in iis quæ iniquè imperant, (reges & præsides)
quibusque se Deo superiores esse velint, quæ exceptio re-
gulam firmat, (*p.* 2, *l.* 5 , *c.* 16).

(2) Non curans quidquid in moribus , in legibus, inf-
titutisque diversum est..... Nihil eorum rescindens , nec
destruens , immò etiam servans ac sequens..... Si Religio-
nem quâ unus summus & verus Deus colendus docetur non
impedit. (*Civit. Dei, lib.* 19 , *c.* 17.)

plutôt la suite du refus de faire ce ferment ; refus
qui a donné lieu aux ennemis de tout bien, d'ac-
cufer & de perfécuter la Religion catholique,
comme étant incompatible avec un Gouvernement
libre & républicain. Combien de fois ne nous a-
t-il pas fallu la juftifier de cet injufte reproche ?
Notre foumiffion auroit au contraire défarmé les
méchans, fi nous avions tous été d'accord.

Nous ne pouvons nous défendre de rappeller
ici ce que l'un de nous écrivoit en 91. « L'inté-
» rêt même de la Religion, difoit-il, impofe à
» fes Miniftres le devoir de la foumiffion aux lois.
» Dans les étonnantes révolutions qui bouleverfent
» ou renouvellent les Empires, il eft prefque im-
» poffible que la Religion n'éprouve quelqu'ébran-
» lement au milieu des terribles commotions qui
» agitent violemment les efprits & les corps. On
» confond alors l'indépendance & l'infubordina-
» tion avec le défir d'une jufte liberté, jufqu'à
» ce que le nouvel ordre de chofes prenant une
» ferme confiftance, ramène tous les efprits au
» point de la fageffe & de la modération. Dans
» des circonftances auffi critiques, les Pafteurs
» ont befoin d'une prudence plus qu'humaine,
» pour ne point expofer l'arbre même de la Re-

» ligion, fous prétexte de lui conferver quelques
» feuilles qu'on peut abandonner, fans qu'il perde
» rien de fon intégrité réelle, ni de fa véritable
» beauté. Cette fageffe eft d'autant plus nécef-
» faire aujourd'hui, que nous voyons notre fainte
» Religion expofée au rude & dangereux combat
» que lui livre audacieufement le libertinage de
» l'efprit & du cœur, ennemi naturel de la pro-
» fondeur de fes myftères, & de la fainteté de
» fa morale. » (Légit. du ferm. civiq. p. 47.)

C'eft à cette époque qu'il faut fe reporter pour
bien juger de notre conduite. Ah ! fi tout le
Clergé eut fuivi ce confeil de la fageffe, que de
maux il auroit épargnés à la Religion & à la Patrie ? Alors la Religion étoit refpectée. L'Affemblée conftituante lui avoit donné plus d'une fois
des gages folemnels de fa vénération. Elle a même
daigné donner des explications pour raffurer les
confciences timides, que certaines entreprifes parti-
culières avoient alarmées. Le mouvement étoit
donné, il falloit le fuivre ; & nous l'avons fuivi
avec une confcience auffi pure qu'éclairée.

En prêtant le ferment civique, & en acceptant
les places auxquelles nous avons été nommés,
nous nous fommes dévoués abfolument pour le

bien de la Religion & de la Patrie : nous n'avons fait que *rendre à César ce qui eſt à César , & rendre à Dieu ce qui eſt à Dieu* : nous avons cru qu'il ne falloit pas laiſſer les Egliſes ſans Paſteurs, & que le ſalut des Fidèles nous impoſoit l'impérieuſe loi de nous dévouer pour eux dans des circonſtances ſi difficiles ; & ce dévouement ſublime & déſintéreſſé , dont le Seigneur nous récompenſera , ſi nous lui ſommes fidèles juſqu'à la fin , on prétendroit nous en faire un crime ! on oſe ſe ſéparer de nous , parce qu'au lieu de fuir , nous nous ſommes élancés ſur la brèche pour défendre notre ſainte Religion menacée & attaquée de toutes parts ! On ne rougit pas de nous traiter de ſchiſmatiques , tandis que nous faiſons perſévéremment , & de vive voix & par écrit , la profeſſion la plus vraie , la plus ſolemnelle de demeurer inviolablement attachés au Saint - Siège , malgré toutes les injuſtices que l'on a commiſes envers nous , en abuſant de l'âge & de la confiance du feu notre Saint-Père le pape Pie VI , dont nous reſpectons la mémoire , & dont nous avons plaint les malheurs !

Ah ! N. T. Ch. F., réfléchiſſez ſérieuſement ſur vos procédés à notre égard , & ſur l'union

conſtante que nous nous ſommes efforcés de conſerver avec vous ; & vous jugerez vous-mêmes que
s'il y a ſchiſme, il ne peut point nous être im-
puté ; puiſque le ſchiſme, n'eſt & ne peut être que
le crime de ceux qui ſe ſéparent de leurs freres,
leſquels ne ſe ſéparent point, & qui ne ſont
point ſéparés par aucun jugement canonique ,
comme les plus ſages & les plus éclairés parmi
vous ſont forcés d'en convenir , tant ce fait eſt
notoire. Ceſſez donc d'imiter, en cela, les Donatiſtes, dont pluſieurs d'entre vous n'ont que
trop renouvellé les excès par de ſacrilèges rebap-
tiſations. Voyez & jugez vous-mêmes dans quels
déſordres peuvent précipiter les injuſtes préven-
tions & la manie du ſchiſme.

Lorſqu'une fois la barrière ſacrée de la vérité
& de l'unité eſt franchie, il eſt impoſſible de fixer
le terme où s'arrêtera l'eſprit d'erreur & de dif-
ſention. Le faux zèle colore & juſtifie même les
plus condamnables excès. Les ténèbres s'épaiſiſſent ;
& au fort de la mêlée, les frères ne ſe voient plus
& ne s'entendent plus : tout n'eſt bientôt que
trouble & confuſion : chacun ne voit que ſon
propre intérêt ; l'intérêt de Jeſus-Chriſt eſt mé-

connu ; méprifé , outrageufément foulé aux pieds.

O vous , N. T. Ch. F. , Miniftres du Dieu de paix , dont le cœur conferve encore quelqu'amour pour l'Eglife de Jefus-Chrift , comment n'êtes vous pas épouvantés à la vue des effroyables maux que cet état de guerre entre fes enfans , caufe à cette fainte Mère ? Ignorez-vous que l'homme ennemi profite de cette déplorable confufion pour porter à notre fainte Religion les plus terribles coups ? Que d'yvraie n'a-t-il point femée dans le champ du pere de famille ? Quel funefte accroiffement elle acquerre de jour en jour ! Ah ! fi de fages moif-fónneurs ne fe hâtent d'en arrêter les progrès , l'y-vraie va bientôt étouffer le bon grain.

La foi s'affoiblit de plus en plus. La charité eft prefqu'entièrement éteinte dans tous les cœurs. Dès-lors plus de vraie pitié, plus de Religion folide, puifqu'on n'adore Dieu qu'en l'aimant (S. Aug.). La charité feule forme les vrais adorateurs *en ef-prit & en vérité.* Serions-nous donc arrivés à ces temps malheureux prédits par Jéfus-Chrift lui-même : *lorfque le fils de l'homme viendra , penfez-vous qu'il trouvera de la foi fur la terre ?* (S. Luc , c. 18 , v. 8); temps dont il dit: *parce que l'ini-*

quité abondera de toutes parts, *la charité de plu-*
sieurs se réfroidira. (Matt. c. 24, v. 12). Delà l'efprit d'aveuglement & de dépravation qui corrompt
tout : delà l'efprit d'infubordination & d'indépendance qui ne reconnoît aucune autorité ni aucune
règle : delà la profanation des chofes faintes,
fcandaleufement prodiguées à des indignes, qui
les foulent aux pieds, en retournant foudain à
leur vomiffement : delà enfin une déforganifation
abfolue,& tous les fcandales qui en font l'inévitable
fuite.

O vous, N. T. Ch. F., nous aimons à vous
appeler de ce nom qui exprime toute notre affection ; *car Dieu nous eft témoin avec quelle tendreffe*
nous vous aimons tous dans les entrailles de Jéfus-
Chrift. (Phil. c. 1, v. 8). N. T. Ch. F., ferez-
vous toujours infenfibles à l'excès de ces maux de
l'Eglife ? vous en connoiffez le remède ; c'eft une
franche réunion avec des freres, qui ont la même
foi que vous, qui font les membres de l'Eglife
comme vous & attachés au Saint-Siège, centre
néceffaire de l'unité catholique, auffi inviolablement que vous. Croyez-vous que fi l'Eglife Grecque
fe préfentoit dans ces mêmes difpofit ons, l'Egl fe
Catholique ne la recevroit pas dans fon fein ?

Penfez-vous qu'elle s'arrêteroit à vider des que-
relles perfonnelles , étrangères à Jéfus-Chrift , &
qu'elle en feroit dépendre la réunion ? Si vous
ofiez le prétendre , tous les monumens eccléfiaftiques dépoferoient contre vous & pour votre
condamnation.

L'Eglife toujours animée de l'efprit de Jéfus-
Chrift , ne s'intéreffe qu'à la gloire de fon divin
époux , & au falut de fes enfans. Elle fait peu
de cas des intérêts privés de fes Miniftres , quelque foit le rang qu'ils occupent au milieu d'elle,
fur-tout quand ces intérêts peuvent troubler la
paix & altérer l'union qui lui eft effentielle. Elle
ne prêche ni Pierre , ni Paul , ni Apollo ; mais
Jéfus-Chrift , & Jéfus-Chrift crucifié. Ce n'eft ni
au nom de Pierre , ni au nom de Paul que nous
avons été baptifés , mais au nom de Jéfus-Chrift,
qui feul eft notre Sauveur. Pierre n'eft rien , Paul
n'eft rien , Jéfus-Chrift eft tout ; & Pierre , & Paul,
& leurs fucceffeurs ne font que les Miniftres de
l'Eglife. Ce n'étoit point pour eux qu'ils étoient
Apôtres , comme ce n'eft pas pour nous que nous
fommes Evêques & Pafteurs ; il leur fuffifoit,
comme il nous fuffit , d'être chrétiens : c'étoit pour
le fervice de l'Eglife qu'ils étoient Apôtres , comme

c'eſt pour l'avantage des Fidèles que nous ſommes leurs ſucceſſeurs. Ils appartenoient à l'Egliſe, & l'Egliſe ne leur appartenoit pas, comme elle ne peut pas nous appartenir. L'Egliſe n'appartient qu'à Jéſus-Chriſt qui ſeul l'a rachetée par ſon ſang, la ſanctifie par ſa grace, la prédication de ſa parole, & par ſes ſacremens dont nous ſommes les Miniſtres. C'eſt pourquoi, en parlant de l'Egliſe, jamais l'on a dit l'Egliſe de Pierre ou de Paul, mais l'Egliſe de Jéſus-Chriſt.

Telle eſt la vraie doctrine de l'Egliſe, ſi parfaitement développée par Saint Auguſtin, dans les célèbres conférences avec les Donatiſtes. C'eſt l'oubli de ces principes, l'eſprit de domination & de propriété qui a cauſé & cauſe encore tous nos maux. Encore une fois, vous en connoiſſez le remède efficace, c'eſt la réunion. Si vous perſévérez à la refuſer, vous vous chargez d'une terrible reſponſabilité devant Dieu, qui vous demandera compte du ſang de vos frères que le ſchiſme aura fait périr. Ceux que le bruit de ce tonnerre ne réveille pas, ſont frappés d'un mortel aſſoupiſſement.

Ici, vous nous répliquerez ſans doute: Nous déſirons la paix auſſi ardemment que vous; mais....

Nous vous entendons ; mais il faudroit rétracter le ferment civique , ou , & c'eſt un raffinement indigne de la franchiſe chrétienne , ou le rapporter : abjurer la Conſtitution civile du Clergé ; reconnoître que nous ſommes des intrus, des voleurs , &c ; admettre aveuglément les prétendus Brefs attribués à notre Saint-Père le pape Pie VI ; enfin, ſe ſoumettre à la juriſdiction de M. de Juigné. Telles ſont vos prétentions. C'eſt à-dire , que vous ne voulez pas de paix. C'eſt n'en point vouloir , que de la faire dépendre de conditions également indignes de la droiture, de la juſtice & de la vérité : vertus qui, ſi elles étoient bannies de toute la terre , devroient ſe retrouver dans le cœur & ſur les lèvres des Evêques & des Prêtres.

1°. Nous , rétracter le ferment civique ! penſez-vous que nous ſoyons de ces hommes légers , inconſtans, ſans conſcience & ſans principes, qui , au mépris de la défenſe de l'Apôtre , ſe laiſſent *emporter par tous les vents de doctrine ?* (Eph. c. 4.) Nous eſtimez-vous aſſez peu pour oſer même préſumer que nous ſoyons diſpoſés à trahir notre conſcience, notre Religion , notre Patrie par une ſi lâche prévarication ? Tous , direz-vous , n'ont ni penſé , ni agi de même. Nous en rougiſſons

pour eux : vous n'avez point trouvés dans ces
perfonnes, des Evêques & des Prêtres dignes de
cet augufte caractère. D'ailleurs, qu'avons-nous fait?
finon ce que vous avez fait depuis, & ce que
vous venez de ratifier, car nous vous croyons fincères. C'eft-à-dire, que tout notre crime feroit de
vous avoir dévancés dans l'accompliffement du
précepte divin & apoftolique qui nous ordonne
d'obéir aux puiffances, parce qu'elles font toutes
établies de Dieu. C'eft Dieu qui change & renou-
velle les Empires, felon fes décrets éternels. Le
chrétien doit fuivre Dieu dans ces différentes révolutions, & fe conformer à fa volonté qui fe ma-
nifefte par les événemens.

2°. Nous, abjurer la Conftitution civile du
Clergé! bien loin d'en abjurer les principes, nous
vous déclarons qu'en qualité d'Évêques & de
Prêtres français, formés à l'école du Grand Boffuet,
la gloire de notre Eglife, nous tenons fermement
à ces principes; qui ne font que le développement
de nos précieufes Libertés. Nous avouons cependant que cette Conftitution ne peut plus s'obferver
dans l'état actuel des chofes; mais nous foutenons
qu'il eft plus impoffible encore de reprendre le
Concordat, qui n'auroit jamais dû voir le jour.

Quel parti prendre ? Celui indiqué dans le plan de pacification. Il y eft dit : « Que notre Eglife ne » doit point refter plus long-temps privée d'un » régime extérieur : c'eft l'état d'anarchie, principe » deftructeur de toute fociété. Il eft donc urgent » de s'occuper en commun d'un nouveau code de » difcipline, conforme aux anciens Canons, & » adapté à l'état actuel de l'Eglife Gallicane. (art.4)». Rien de plus fage & de plus modéré que cette propofition : c'eft même le feul parti que puiffe confeiller la prudence, & le bien de notre Eglife.

3°. Comme notre confcience nous rend témoignage que nous n'avons accepté nos places & nos titres que pour obéir à une élection que nous croyons légitime, & qui l'eft effectivement ; & qu'en nous chargeant de ce pefant fardeau dans des circonf-tances difficiles, où vous avez cherché votre fûreté dans la fuite, nous n'avons fait que nous dévouer, & remplir un devoir dont le falut des Fidèles nous faifoit l'impérieufe loi ; bien loin d'avouer jamais que nous fommes des intrus, des voleurs, de faux-Pafteurs, &c, nous foutenons avec ce courage, & cette confiance que nous infpire la bonté de notre caufe, qu'on ne peut pas nous appliquer ces notes infamantes, fans commettre envers nous une injuſtice criante , & ſans bleſſer la vérité. Au reſte , ces injures , ces miſérables déclamations, pouvoient , dans un temps de trouble & d'orage , étourdir les ignorans & les ſimples , & leur en impoſer ; mais aujourd'hui que , graces à Dieu, nous commençons à goûter le calme, ces expreſſions envenimées ſont appréciées comme elles le méritent par les bons eſprits & les cœurs droits : elles finiront , & vous devez vous y attendre , par ne deshonorer que ceux qui ſe les ſont permiſes. Répondez une bonne fois d'une manière claire & préciſe à cette queſtion : Que ſeroit devenue la Religion en France , ſi au lieu de tenir fermes , nous euſſions imité votre conduite ? Ceſſez donc de maltraiter des Miniſtres fidèles ; reſpectez leur zèle ; & ſi vous n'avez pas eu le courage de les imiter, ayez au moins celui de leur rendre juſtice.

4°. Nous ne concevons pas comment on oſe propoſer à notre acceptation pure & ſimple des Brefs que notre profond reſpect pour le Saint-Siége nous défend de lui attribuer ; des Brefs dont vous connoiſſez mieux que nous les malheureux fabricateurs. Ces Brefs, dont vous avez fait un ſi énorme abus , portent ſur le front un caractère de réprobation ; ils condamnent, sans avoir été entendus, des Evêques & des Prêtres respectables, ce qui est inique & contraire à toutes les lois divines & humaines ; ils contiennent une doctrine perverse & anti-chrétienne, en anéantissant les précieuses Libertés de notre Eglise ; enfin, ils sont écrits dans un tel esprit d'aigreur & d'amertume, qu'ils ne pourroient que déshonorer le Saint Siége, & flétrir la mémoire de Pie VI. Parmi tous ces prétendus Brefs, il n'y en a qu'un seul d'authentique, & qui nous soit parvenu officiellement ; celui-là est vraiment digne du Saint-Siége, en ce qu'il renferme la doctrine catholique sur la soumission aux Puissances : nous y avons reconnu avec joie la voix de Pierre dans celle de son successeur. Cependant ce Bref si authentique, si certain, est en même temps le seul dont les têtes ardentes contestent l'authenticité, tant la prévention les aveugle. Il est vrai qu'il porte un coup mortel à tous ceux qui se disent ses frères aînés, & voilà ce qui indispose contre lui.

5°. Enfin, l'une des conditions principales dont vous faites dépendre la réunion, c'est de reconnoître la jurisdiction de M. de Juigné. Nous sommes loin d'approuver le langage emporté de quelques

particuliers

particuliers contre ce Prélat , peut-être plus foible que coupable. Nous le connoissons aussi-bien que vous. Plus de lumières , de justesse dans les vues , & de fermeté dans le caractère, lui auroient épargné bien des fautes , & à notre Eglise bien des maux. Nous le plaignons sincèrement , & nous ne cessons de prier pour lui.

Mais les principes nous empêchent de le reconnoître comme étant de fait Evêque de Paris. Tant qu'il sera émigré , & comme tel frappé de mort civile , il ne nous est pas permis de correspondre avec lui ; il n'a & ne peut exercer aucune jurisdiction sur notre Eglise , & par une conséquence nécessaire , il ne peut en communiquer aucune. Or, une Eglise ne peut pas demeurer sans Evêque, il faut lui en donner un ; & celui-là , étant élu canoniquement , doit être reconnu de tous. Tel est l'esprit , telles sont les règles de l'Eglise.

Dans les temps difficiles , tout Chrétien sage & vraiment éclairé, doit s'attacher fortement à ces principes conservateurs de la paix & de l'unité de l'Eglise. C'est en vertu de ces mêmes principes que, dans l'Eglise d'Antioche , Grégoire fut substitué au Patriarche Anastase, chassé par l'Empereur Justin. Grégoire jouit paisiblement de sa dignité pendant vingt-trois ans, & jufqu'à fa mort. Fleury, qui rapporte ce fait, ne traite Grégoire ni d'intrus, ni de faux pafteur ; il en fait l'éloge, & lui donne même le nom de Saint. (Fl. t. 7 , p. 573.) Le pieux & favant Detillemont, réfléchiffant fur plufieurs faits femblables, ajoute cette importante obfervation : « En plufieurs rencontres, dit-il, la » Providence divine a fait fubftituer à la place des » gens de bien qu'on avoit chaffés, d'autres per- » fonnes qui n'étoient point d'un moindre mé- » rite. » (T. 16 , p. 371.)

Si M. de Juigné obtenoit du Gouvernement fa radiation & la liberté de revenir à Paris, & qu'il y vînt en effet ; alors, mais alors feulement nous nous occuperions des moyens de le reconnoître, de manière à remplir toute juftice, tant envers lui qu'envers nous-mêmes.

Nous terminerons, N. T. C. F, cette trifte, mais néceffaire difcuffion, en vous conjurant de médi- ter fans prévention & fous les yeux de Dieu ce que nous dit S. Grégoire de Naziance pour les temps difficiles ; apprenons de cet illuftre docteur avec quelle prudence & quelle charité nous devons nous conduire au moment où nous fommes. Après une vive exhortation à la paix, il ajoute : « Qu'on ne

» pense pas que je veuille dire que toute paix
» soit aimable. Je sais que comme il y a des di-
» visions qui sont très-bonnes, il y a aussi des
» unions qui sont très-pernicieuses ; & ainsi je ne
» vous recommande que cette paix qui est selon
» Dieu, qui est pour Dieu & qui nous vient de
» Dieu ».

« Voici en peu de mots quel est mon sentiment
» sur ce sujet. Je crois qu'on ne doit pas être ni
» trop négligent, ni trop ardent, & qu'on doit
» prendre garde de ne se joindre pas de commu-
» nion avec tout le monde, par une facilité in-
» considérée, ni de se séparer de tout le monde
» par une irrégulière témérité. Lorsque l'impiété
» des personnes est claire & manifeste, il n'y a
» rien à quoi nous ne devions nous exposer, au
» feu, au fer, aux persécutions, aux violences des
» grands, plutôt que de nous rendre participans
» de ce levain corrompu, & de consentir à ceux qui
» sont infectés de ces nouveaux sentimens : &
» tout ce que nous avons à craindre en ces ren-
» contres, c'est de craindre quelque chose plus que
» Dieu, & d'abandonner lâchement la doctrine
» de la foi & de la vérité ».

« Mais lorsque ce qui nous trouble l'esprit est

(52)

» un soupçon & une crainte qui n'eft pas fondée fur
» des preuves certaines, la lenteur & la modé-
» ration vaut mieux alors que la promptitude &
» la précipitation ; & la douceur de la condefcen-
» dance eft préférable à la rigueur d'un zèle pré-
» fomptueux ».

» Il nous eft meilleur & plus utile de demeurer
» tous enfemble dans la fociété d'une même com-
» munion, afin de nous corriger mutuellement
» les uns les autres comme étant membres d'un
» même corps; que de commencer par condamner
» nos frères en nous féparant d'avec eux, & per-
» dant par cet éloignement la créance qu'ils au-
» roient pu avoir en nous, & leur prefcrire en-
» fuite des défaveux & des rétractations par un
» commandement d'autorité abfolue, comme
» pourroient faire des tyrans, & non pas des
» frères ».

» Etant touchés, mes Frères, de ces vérités,
» embraffons-nous les uns les autres, donnons-
» nous le baifer de paix, ne foyons véritablement
» qu'un même cœur & un même efprit. Imitons
» celui qui a rompu la muraille de féparation
» qui divifoit les Juifs d'avec les Gentils, & qui
» a rallié & pacifié toutes chofes par fon fang.
(Orat. 6, art. 20, p. 192, édit. 1778).

Pour vous, N. T. C. F., brebis chéries que Jéſus=Chriſt, le Prince des Paſteurs, a confiées à notre ſollicitude, vous n'avez déja que trop ſouffert de nos malheureuſes diſſentions. Uniſſez donc vos prières aux nôtres pour ſupplier le *Dieu de paix & de toute conſolation* de pacifier notre Egliſe & notre Patrie, car la Religion nous ordonne d'aimer l'une & l'autre. Reconnoiſſez & adorez la conduite de Dieu dans notre révolution : ſon doigt y eſt marqué de la manière la plus éclatante. Grande dans les commencemens, elle fut deshonorée dans ſon cours par des méchans qui ont été les inſtrumens de la juſtice divine qui les a bientôt briſés comme un vaſe d'argile. Admirez enſuite avec actions de graces, comment, lorſque nous étions ſur le point d'être abîmés, ce Dieu clément & bon eſt venu tout à coup à notre ſecours, en ramenant parmi nous, comme par miracle, ce Héros ſi reſpectable & ſi cher aux Français. Quelle ſuite de merveilles le Tout-puiſſant n'a-t-il point opérées par cet homme illuſtre qu'il s'eſt lui-même choiſi. Déja nous avons béni Dieu de ſes étonnantes victoires. Mais n'oublions pas que ces mêmes victoires ſont le prix du ſang de nos généreux frères qui ſont morts en combattant pour la Patrie, & pour nous conquérir la paix. Soyons juftes & reconnoiffans envers eux, & fupplions le Père des miféricordes, par la médiation de Jéfus-Chrift notre Sauveur, d'accorder aux ames de nos frères, qui font morts avec le figne de la foi, un lieu de rafraîchiffement, de lumière & de paix.

A CES CAUSES, Nous ordonnons, 1°, que le 14 Juillet (25 Meffidor) il fera chanté dans notre Églife Métropolitaine une Meffe folemnelle en actions de graces de nos Victoires, & pour demander à Dieu le rétabliffement de la paix dans l'Églife & dans l'État.

2°, Le 15 Juillet (26 Meffidor) il fera célébré dans la même Eglife un Service folemnel pour le repos des ames de nos freres morts pour la défenfe de la Patrie.

3°, A dater du jour de la réception de cette Inftruction Paftorale, il fera dit dans toutes les Eglifes de notre Diocèfe, & à toutes les Meffes, les Collectes & Oraifons *Pro tempore belli & pro pace & unitate Ecclefia.*

4°, L'on y chantera les Dimanches & les Fêtes après les Vêpres le Pfeaume *Deus mifereatur noftri,*

& le Pſeaume *Ecce quam bonum*, avec l'Oraiſon pour la paix.

DÉLIBÉRÉ en Presbytère, & donné à Paris, le 1ᵉʳ Juillet de l'An de grace 1800 (12 Meſſidor an 8 de la République françaiſe.

† J.-B. ROYER, *Evêque métropolitain.*

AUG. BAILLIET, *Curé de S. Médard,*
Secrétaire.

De l'Imprimerie de BAUDELOT & EBERHART, rue Saint-Jacques, N°. 30.